Sonst glaubt uns das kein Mensch

Erinnerungen an eine Hüttentour in den Dolomiten

Petra Geißler-Joost

Reinhild Löding-Ehrenstein

AF176574

Sonst glaubt uns das kein Mensch

Erinnerungen an eine Hüttentour in den Dolomiten

Petra Geißler-Joost

Reinhild Löding-Ehrenstein

Bibliografische Information der Deutschen Nationalbibliothek:
Die Deutsche Nationalbibliothek verzeichnet diese Publikation
in der Deutschen Nationalbibliografie; detaillierte bibliografische Daten sind im Internet über http://dnb.dnb.de abrufbar.

Fotos alle privat

Herstellung und Verlag: BoD – Books on Demand, Nor-
derstedt

ISBN: 9783755709640

Vorwort

Nach dem Lesen eines Reiseberichts aus derselben Zeit lese ich erstmals wieder nach Jahrzehnten das Reisetagebuch unserer Hüttentour 1978.

Meine Freundin Petra hat es damals fleißig verfasst, und um es herausgeben zu können, benötige ich ihr Einverständnis. Während wir im Telefonat immer weiter ins „Weißt du noch?" kommen, erinnern wir uns auch an unsere ersten „Lebensretter" auf der Tour. Dass wir später noch weiteren begegnen würden, wussten wir zu diesem Zeitpunkt noch nicht.

Wir nennen sie also fortan „Lebensretter" und erinnern uns daran, dass sie uns damals je eine Zwergalpenrose schenkten.

„Ich habe sie noch immer an meiner Bilderwand hängen."

„Ich auch", berichtet Petra, „nur zwei Meter von meinem Telefonstandort entfernt." Und das nach 43! Jahren.

Die Zwergalpenrose und alles, was damit zusammenhing, muss uns doch sehr viel bedeutet haben, dass sie so lange einen Ehrenplatz in unseren Wohnungen erhalten hat. Nie wieder haben wir je in all diesen Jahren über diese Tour gesprochen.

Während wir reden, kommen uns immer mehr Erinnerungen und vor allem fallen uns die beiden eindrücklichsten Touren unserer Ferien ein. Wir kommen geradezu ins Schwelgen.

Immer wieder war während der Tour der Satz gefallen: „Komm, mach ein Foto, sonst glaubt uns das kein Mensch", wenn wir mal wieder im Sommerurlaub knietief im Schnee versanken.

Wie unbedarft, neugierig und so völlig ohne Angst kann ein junger Mensch sein? Dabei gingen wir damals bereits beide auf die 30 zu. Die Idee ist geboren, wir sind uns einig: Darüber wollen wir berichten.

Viel Vergnügen beim Lesen des Reiseberichts über ihre abenteuerliche Hüttentour durch die Dolomiten wünschen Petra, die Juristin geworden ist, und Reinhild, die als Psychologische Psychotherapeutin arbeitet.

Reinhild Löding-Ehrenstein (Hrsg.)
Langenfeld, 04. Januar 2022

29.6.78

Gegen 5:00 Uhr stehen wir auf, um 5:30 Uhr wird gefrühstückt und alles gepackt und kurz nach 6:00 Uhr fahren wir bei reichlich kühlem Wetter über München, Garmisch-Partenkirchen, Innsbruck, durch den Brenner nach Innichen, zum Ausgangspunkt unserer Tour.

In Österreich klart das Wetter auf, es wird sogar richtig heiß, sodass wir uns auf eine Wanderung bei heißem/warmem Wetter einstellen.

Im Pustertal fahren wir von der Hauptstraße ab, einen kleinen Feldweg hoch, um dort eine Sonnenpause einzulegen. Die Sonne brennt sehr stark und schon nach kurzer Zeit sind wir ziemlich rot. Da nehmen wir uns auch schon vor, so richtig braun zu werden. So wie es aussieht, könnten wir es schaffen.

Die Leute hier sind unheimlich freundlich und so etwas wie Stress, Arbeitsüberlastung oder Zeitnot scheinen sie hier nicht zu kennen. Mit viel Ruhe wird uns hier und da begegnet, man erklärt den Weg, grüßt freundlich.

In Innichen werden wir von Familie Brunner freundlich begrüßt und bekommen ein hübsches Zimmer zugewiesen. Nachdem wir uns etwas ausgeruht haben, gehen wir noch ins Dorf, versuchen vergeblich, zu telefonieren, und gehen dann erst einmal ausgiebig essen. Es schmeckt vorzüglich (Hausplatte, Salat, Wein) und hinterher sind wir ziemlich satt.

Weil die Sonne gegen Abend so herrlich rot untergeht und sich an den Felswänden widerspiegelt, setzen wir uns noch mal ins Auto und fahren hoch auf den Innichberg, um ein Foto zu schießen. Es ist so majestätisch, hinter jeder Ecke erhebt sich ein neues Massiv, das man nicht erwartet hat.

Gegen 21:30 Uhr sind wir dann aber doch so weit, dass wir gerne in die Betten kriechen. Und wir nehmen uns vor, einmal rund um die Uhr zu schlafen.

30.6.78

Gegen 9:30 Uhr stehen wir bei einem Bombenwetter auf. Es hat geklappt, rund um die Uhr zu schlafen. Es gibt ein herrliches Frühstück und wir freuen uns, bald losziehen zu können. Erst mal setzen wir uns in die Sonne und schreiben ein paar Karten. Die Sonne brennt ziemlich und wir schmieren uns dick ein. Gegen Mittag kommt Arno Brunner heim und gibt uns Tipps für die Wanderung. Und so entschließen wir uns, schon loszuziehen. Wir packen unsere Sachen und verabschieden uns. Wir nehmen den Bus um 14:00 Uhr von Innichen und fahren nach Bad Moos, wo wir uns in die Gondel schwingen und auf die Rotwand gondeln. Oben erheben sich majestätisch die Berge. Bei der Rotwandwiesenhütte lassen wir uns Quartier geben, trinken einen Kaffee und gucken ein bisschen in der Gegend rum. Ich finde es so herrlich hier. Gegen 16:00 Uhr verlassen auch die Touristen die Gegend und wir haben die Hütte für uns.

Welt, komm!

Weil es so ruhig und friedlich ist, wollen wir noch ein bisschen die Gegend erkunden. Vom Haus aus gehen wir den Berg hoch Richtung Rotwand und schon nach fünf Minuten haben wir Herzklopfen bis zum Hals. Die Höhenluft macht uns doch recht zu schaffen (2 000 Meter). Es liegt ein fast undefinierbarer Weg vor uns, der zum Teil durch lange Schneefelder führt. Die Aussicht ist herrlich und ziemlich oft halten wir an, um sie zu genießen. Nachdem wir etwa eine Stunde gegangen sind, machen wir ein Päuschen und genießen die Stille. Dann gehts zurück. In der Hütte treffen wir ein junges Ehepaar, das auch noch dort übernachten will. Wir essen zu Abend, trinken noch ein Glas Südtiroler Rotwein und gehen gegen 21:30 Uhr ins Bett.

1.7.78

Draußen herrscht furchtbares Wetter, eine einzige Waschküche, sodass man kaum die Bäume vor der Haustür sieht. Aus diesem Grund stehen wir auch sehr spät auf und frühstücken in aller Seelenruhe unseren Reiseproviant, damit der Reiseproviant im Rucksack immer leichter wird. Heute wollen wir nur bis zur Zsigmondyhütte, die etwa drei Stunden entfernt liegt. Eigentlich wollten wir ja den Alpini-weg gehen, der ist jedoch noch völlig verschneit und unbegehbar. Schade! So entschließen wir uns, „zum Einlaufen" den Klettersteig über die Rotwand zu machen, um dann am Nachmittag zur Zsigmon-dyhütte weiterzugehen. Obwohl es noch nebelig ist, steigen wir gegen 10:00 Uhr auf und wandern in steilem Aufstieg etwa eine Stunde bergauf. Der Ne-bel ist durchsichtig genug, um die Wegmarkierun-gen zu sehen. Als wir immer höher kommen, wird der Weg immer felsiger und unbegehbarer und oft müssen wir über Schneefelder steigen, rutschen und klettern. Als wir dann wegen der schlechten Weg-markierung und dem vielen Schnee den Weg für etwa fünf Minuten verlieren, wird mir ziemlich mulmig.

Wir befinden uns mitten in Stein und Fels und Nebel und das ist nicht ganz ungefährlich. Von den

Bergen und Felsen geht etwas Bedrohliches aus. Reinhild ist jedoch (noch) guten Mutes und meint, der Weg (der schon eine ganze Zeit keiner mehr war) sei doch prima. Wir finden die Markierung wieder und steigen weiter auf. Es geht durch ein sehr steiles Felsstück, das von Schnee zugedeckt ist, und wir müssen uns tief mit den Schuhen einhacken. Vor uns sehen wir dann die ersten Seile und Leitern, die es zu bezwingen gilt. Reinhild nimmt all ihren Mut zusammen und krabbelt die erste Leiter hoch. Sie ist fast senkrecht und so geht es noch recht langsam. Zwischendurch kann man am Fuß der Leiter noch klares Wasser trinken. Dann kommt mal wieder ein Seil, das einem Hilfestellung gibt. Es geht aber auch senkrecht hoch. Runter wollte ich da nicht unbedingt. Wir bewältigen auf diese Weise ein großes Stück Höhe. Oben scheint es so, als pfiffe jemand aus dem Nebel heraus ein Liedchen. Wir denken, dass es die zwei jungen Männer sind, die vor uns in der Rotwandwiesenhütte aufgebrochen sind und deren Spuren wir über die Schneefelder gefolgt sind. Wenn die beiden nicht vor uns gegangen wären, dann hätten wir den Weg wahrscheinlich überhaupt nicht gefunden. Aber es sind nicht diese beiden, sondern ein einziger Wanderer, der wie ein Schneemensch im Nebel steht. Die Verständigung ist recht schwierig, da er kein Deutsch und wir kein Italienisch sprechen. Wir werden auch nicht so recht klug aus ihm, was er will und wohin er will. Auf jeden Fall macht er sich aber mit uns an den Abstieg, seinem Gefährten entgegen, der unterhalb eines fast senkrechten Schneefeldes steht. Mir wird angst und bange, wenn ich dieses Stück Weg sehe, nicht nur um mich, sondern auch um Reinhild, die noch nicht sehr trittsicher ist. Das scheint auch unser Lebensretter zu merken, denn nach Reinhilds erstem gefährlichen Ausrutscher, der ohne Weiteres ein paar Hundert Meter weiter unten ein böses Ende hätte finden können, kramt er aus seinem Rucksack ein Seil und bindet sie an. Wie so eine Seilschaft geht sie vor ihm und bekommt Lehrstunden im „Schneefeld-Gehen": aufrecht, Hacken eingraben, und mit den Händen und Armen das Gewicht ausgleichen. Reinhild geht immer etwa fünf Meter vor ihm, während er oben Leine gibt. Ich selbst mache das Schlusslicht und fühle mich recht trittsicher, obwohl auch ich nur das Ende des Schneefeldes wünsche.

Nach einiger Zeit kommen wir bei dem Gefährten unseres Lebensretters an und werden mit etwas Heißem empfangen. Oh, wie tut das gut!! Der Gefährte spricht Deutsch und wir können uns verständigen. Gemeinsam bewerkstelligen wir den noch langen, aber ungefährlicheren Abstieg. Reinhild wird wieder „abgeleint" und wir bekommen Nachhilfestunden im Abwärtsgehen. Ab und zu passiert es schon mal, dass sich kleine Steine und auch größere Brocken lösen. Für den unten Gehenden ist das natürlich recht gefährlich. Das ist immer unser Lebensretter, und oftmals hört er von uns ein „Attenzione", worauf er sich in Sicherheit bringt und ihm ein „Madonna mia" entfährt. Unterwegs bekommen wir noch eine Zwergalpenrose geschenkt und unterhalten uns, so gut es geht. Kurz vor der Rotwandwiesenhütte verabschieden wir uns von den beiden und sind gegen 13:30 Uhr in der Hütte, wo wir essen und von unseren Abenteuern berichten.

Danach machen wir uns auf den Weg zur Zsigmondyhütte. Erst gehts eine gute Stunde steil abwärts ins Fischleintal zur Talschlusshütte, von dort nach einer kleinen Pause wieder 700 Meter aufwärts zur Hütte. Es begegnen uns eine Menge Leute, die uns bemitleiden und bewundern, dass wir noch da hochwollen. In aller Ruhe steigen wir auf und werden bald von einem kräftigen Regen überrascht. So schnell, wie er einsetzte, konnten wir unsere Regenhäute gar nicht rausholen. Danach steigen wir wie die Waldschrate eingepackt und triefend gen Hütte.

Unsere Kräfte lassen langsam nach und die letzte Stunde wird zur Qual. Das Wetter wird immer schlechter, wir trotz Regenschutz immer nasser, und die Stimmung sinkt. Gegen 18:45 Uhr sind wir völlig geschafft und nass am Ziel. Unser Zimmer, das uns zugewiesen wird, ist mehr als eiskalt, und wir fragen uns, wie wir die Sachen trocken kriegen werden.

Nach dem Abendessen und Glühwein kriechen wir dick angezogen in die eiskalten Betten, breiten die isolierende Rettungsdecke über uns und sind bald eingeschlafen.

2.7.78

Aufstehen um 9:00 Uhr; Nebelwetter, leichter Regen, eiskalt. Nach dem hauseigenen Rucksackfrühstück trocknen wir unsere Sachen, versuchen es zumindest, und halten uns den Vormittag in der Hütte auf. Wie gehts weiter? Wohin? Oder die Tour abbrechen?

Nachdem wir einen Teil unserer Sachen trocken gekriegt haben, die Strümpfe und Schuhe jedoch noch weit davon entfernt sind, auch nur leicht trocken zu werden, entschließen wir uns doch, zur Dreizinnenhütte aufzubrechen. Wir essen noch zu Mittag, packen unsere Sachen und machen uns gegen 14:00 Uhr auf den Weg. Es ist nebelig, aber nicht kalt, die Blickentfernung zu den Bergen und Wegmarkierungen gewährleistet. Schon nach fünf Minuten jedoch sind wir auf dem falschen Weg. Durch den vielen Schnee und manche Spuren gibts einen Wirrwarr von Wegen und wegähnlichen Spuren, sodass es schwierig ist, die Richtung zu finden. Glücklicherweise kommen in der Nähe Leute vorbei, die uns auf Italienisch den Weg weisen. Diesem Weg können wir eine ganze Zeit lang folgen. Das Wetter wechselt alle paar Minuten: Mal sehen wir gar nichts, dann reißt es wieder auf und wir ahnen etwas von der Schönheit, die uns umgibt. Der Aufstieg ist wieder recht beschwerlich und ab und zu klopft uns das Herz bis zum Hals. Unsere Schuhe sind schon längst wieder völlig durchnässt, sodass wir uns entschließen, bei nächstbester Gelegenheit lederne Bergsteigerstiefel zu kaufen. Es geht immer höher in die Berge und der Schnee wird tiefer. Zwischendurch wird auch der durch den Nebel bedingte Nieselregen stärker, hört aber bald wieder auf. Nahezu auf der Höhe von 2 500 Metern angekommen führt uns der in den Fels gehauene Weg auf fast ebener Bahn den Fels entlang. Als wir später von Ferne diesen Weg betrachten, fragen wir uns, wie man dort überhaupt gehen konnte. Aber das haben wir uns bei unserer Schneewanderung schon öfter gefragt. Bald erreichen wir das Büllelejoch, dessen Hütte jedoch verschlossen ist. Dort hängt eine Kinderjacke an der Tür. Wir nehmen sie mit und lassen sie später von der Dreizinnenhütte nach Sexten mitnehmen, denn gestern sprachen uns beim Aufstieg Leute an, die uns darum baten, falls wir die Jacke finden sollten.

Durch Stein, Fels und viele Schneefelder, in denen wir teilweise knietief versinken, gehen wir weiter zur Dreizinnenhütte.

Es begegnen uns zwei Jungen, aber sonst keine Menschenseele. Deshalb ist es schön, wieder mal

Menschen zu sehen. Plötzlich reißt der Nebel auf und die Sonne kommt durch. Strahlend blauer Himmel! Wir nutzen es aus, uns zu sonnen und Wärme zu tanken. Und gleich steigt auch die Stimmung um einiges. Danach gehts weiter durch Schnee, Schnee und nochmals Schnee.

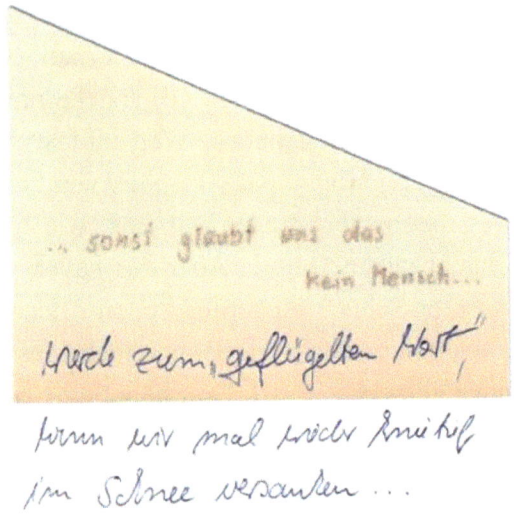

Reinhild verliert langsam ihre Angst vor dem Begehen der Schneefelder. Nach einer recht beschaulichen Wandertrödelei kommen wir gegen 18:00 Uhr in der mollig warmen Dreizinnenhütte an. Die ganze Zeit über hatte noch die Sonne geschienen, und wir schaffen es gerade noch, einen Blick auf die Drei Zinnen zu werfen, bevor sie vom Nebel zugedeckt werden. In der Hütte waschen wir uns, machen unser Lager gemeinsam mit einem älteren italienischen Ehepaar und zwei deutschen Männern. Wir wärmen uns auf, essen was, klönen, trinken Wein und gehen gegen 21:30 Uhr schlafen.

3.7.78

Ich habe ziemlich schlecht geschlafen, weil Reinhild neben mir so rumgewurschtelt hat. Aber wir haben nicht so gefroren wie letzte Nacht. Gegen 5:00
Uhr werde ich wach und sehe die Sonne aufgehen.
Es ist mir aber doch noch etwas zu früh, um aufzu-
stehen, und so drehe ich mich noch mal rum und
döse so bis gegen 7:00 Uhr vor mich hin. Dann hält
uns nichts mehr im Bett: strahlend blauer Himmel,
Sonne, Wärme. Nach dem Frühstück setzen wir uns
in die Sonne, die schon schön warm ist. Mir ist
heute nicht besonders gut, ich weiß nicht, warum.
Vielleicht die Anstrengung? Oder die Höhe? Wer
weiß; jedenfalls ruhen wir uns erst mal richtig aus.
Die Zeit vergeht schön langsam und die Hütte, die
Drei Zinnen und die umliegenden Berge gehören
uns allein. Es ist sehr still hier.

Ein Bergfink hüpft um uns herum und hat überhaupt keine Angst. Unten im Tal hängen dicke Nebelschwaden, die langsam hochsteigen, uns jedoch noch lange nicht erreichen. Die Sonne ist recht intensiv und wir kriegen ganz gut Farbe. Ich lese uns aus meinem Dolomitenbuch vor und wir merken, dass wir zur Geschichte und zur Landschaft dieser Berge eine enge Beziehung haben, nachdem wir sie mühevoll bezwungen haben. Erst gegen 10:00 Uhr, nachdem wir also schon zwei Stunden Sonne, Stille und Einsamkeit genossen haben, kommen einige wenige Wanderer hoch, sodass wir uns entschließen, aufzubrechen. Wir packen unsere Sachen, essen noch etwas und machen uns auf den Weg. Wir wollen die etwa zwei Stunden zur Auronzohütte gehen und von dort über Misurina nach Cortina d'Ampezzo gelangen. Langsam bevölkern schon wahre Heerscharen die Dreizinnenhütte und wir machen, dass wir loskommen.

Es geht über ein endloses Schneefeld an den Fuß der westlichen Zinne vorwärts. Uns kommen Massen von Leuten entgegen, die von Auronzo di Cadore aufgestiegen sind und sich auf dem Schneefeld wie Ameisen ausmachen.

Weil der Weg nur schmal ist, ist es manchmal schwierig, aneinander vorbeizukommen. Wir mit unseren Rucksäcken sind ja auch nicht gerade dünn. Aber die Leute sind freundlich und hilfsbereit und lassen uns meist den Vortritt. Auch klammert man sich bei solchen Manövern schon mal fest aneinander, um nicht das Schneefeld runterzukugeln. Aber ansonsten geht alles glatt und nach über einer Stunde stehen wir am Fuß der Zinnen, die sich inzwischen dick eingenebelt haben und mehr zu ahnen, als zu sehen sind. Dort stehen auch andere Touristen, die den umgekehrten Weg zur Dreizinnenhütte machen wollen, und wir sind fassungslos, wie man sich anziehen kann: dünne modische Kleider,

Halbschuhe oder noch weniger, kurze Hosen u. a. Wenn wir da uns betrachten, so sind wir doch recht gut ausgerüstet.

Vom Fuß der Zinnen steigen wir ab zur Auronzohütte. Der Weg ist sehr begangen und wir kommen uns vor, als seien wir irgendwo in einer bevölkerungsreichen Gegend, nicht aber in einer Bergwelt von majestätischer Erhabenheit. Irgendwann hören wir von der Rückwand der Zinnen einen Jodler. Es müssen da also wohl Leute in der Wand hängen. Trotz intensiver Suche können wir sie aber nicht entdecken, und so gehen wir weiter.

In der Auronzohütte trinken wir einen Kaffee und essen ein Stück Kuchen. Die Leute, die dort sind und noch kommen, gucken uns zum Teil sehr seltsam an. Neidisch? Mitleidig? Neugierig? Wir sind hier als echte Wanderer die große Ausnahme, denn üblicherweise fährt man mit dem Auto oder Bus bis zur Hütte.

Als wir fertig sind, versuchen wir, nach Misurina zu trampen. Wir fahren mit einem älteren Ehepaar runter. Weil aber der Mann eine Mautgebühr für maximal drei Personen bezahlt hat und wir nicht mehr zahlen wollen, steige ich vor der letzten Kurve vor der Mautstation aus, während das Auto weiterfährt. Ich gehe ohne Schwierigkeiten zu Fuß durch, um dahinter wieder ins Auto zu steigen.

In Misurina verlassen wir die beiden, gucken ein bisschen am See entlang und nehmen dann um 16:00 Uhr den Bus nach Cortina, um in der Zivilisation vernünftige Schuhe für unsere Schneetouren und sonst noch allerlei Kram einzukaufen. Auch wollen wir endlich mal alle Sachen – vor allem die Strümpfe – trocken kriegen.

Der Bus fährt einen immensen Höhenunterschied bergab, und je tiefer wir kommen, umso grüner und sommerlicher wird alles. Wir müssen uns echt an das Grün gewöhnen, denn tagelang haben wir nur Fels und Schnee gesehen. Und in Cortina ist es auch wesentlich wärmer. Zwei ältere Herren helfen uns, den Weg zur Information zu finden, wo wir ein Zimmer mitten in der Innenstadt, Fußgängerzone, zu einem billigen Preis vermittelt bekommen. Darüber sind wir sehr froh und machen uns gleich auf, es zu suchen. Wir richten uns in dem wirklich netten Zimmer hübsch ein, indem wir es erst einmal in ein „Rucksack-Schlachtfeld" verwandeln. Danach gehen wir Schuhe einkaufen und finden auch bald die passenden. Jetzt hoffen wir nur, dass wir darin keine nassen Füße bekommen bei unseren Schneetouren. Etwas zu essen und anderer Kram wird auch noch besorgt und anschließend gehen wir essen. Eine junge Frau gibt uns den guten Tipp, ins „Buco dell'Inferno" zu gehen. Wir befolgen diesen Tipp und landen in einem sehr urigen Lokal, wo wir Wein trinken und Pizza zu Abend essen und uns sehr gut unterhalten. Leicht beschwipst schwanken wir dann gegen 22:00 Uhr nach Hause und fallen auch gleich ins Bett.

4.7.78

Wir schlafen lange aus, und weil es nebelig und reg-
nerisch ist, entschließen wir uns, hier einen Ruhetag
einzulegen. Wir waschen die Haare, trocknen und
lüften die Sachen und genießen so ein bisschen Zivilisation. Dann ist auch schon fast Mittag und wir
gehen was Leckeres essen. Am Nachmittag, als es
ein bisschen aufklart, machen wir uns in unseren
neuen Schuhen auf den Weg und erkunden ein bisschen die Gegend. Cortina ist ein hübsches Städt-
chen, das zwar ganz auf Tourismus eingestellt ist,
im Moment jedoch noch ziemlich untouristisch
wirkt. Na ja, kein Wunder, bei diesen winterlichen
und nassen Verhältnissen!

Auf dieser Entdeckungstour durch Cortina unterhalten Reinhild und ich uns sehr gut über alle möglichen Fragen, die uns so im Privatleben beschäfti-
gen. Am Nachmittag begeben wir uns wieder in unser Zimmer, ich erledige noch einige Einkäufe; wir
essen zu Abend und überlegen, wie die Tour wei-
tergehen soll. Abbrechen? Weitermachen? Wegen
des Wetters ist alles so ungewiss und unsere Stimmung ist nicht die Beste. Ich ärgere mich über das
Wetter, obwohl es uns einen erholsamen Ruhetag-

beschert hat und wir doch nichts daran ändern können. Und deshalb gehen wir erst einmal gegen 21:00 Uhr schlafen und schlafen rund um die Uhr.

5.7.78

Es gießt aus Kübeln, als wir aufstehen, und zwar noch schlimmer als gestern. Nachdem wir langsam aufgestanden sind und gefrühstückt haben, entschließen wir uns, diesem Wetterloch Cortina zu entfliehen und Richtung Marmolata zu fahren. Ich erkunde am Busbahnhof die Fahrtmöglichkeiten und dann packen wir schon unsere sieben Sachen, gehen noch Mittag essen und fahren zuerst einmal nach Innichen, um unser Auto zu holen. Der Fahrer fährt wie ein Henker den Pass hoch, und der Schaffner hat einen zu viel getrunken. Reinhild wird es bei dieser Kurverei ziemlich elend und wir sind froh, in Toblach aussteigen zu können. Dort begeben wir uns zur Ausfallstraße nach Innichen und trampen. Es hält auch nach einer kurzen Zeit ein feudaler Mercedes, der uns mitnimmt. In Innichen holen wir bei Familie Brunner die Sachen und das Auto ab, erzählen ein bisschen von unseren Abenteuern und machen uns auch schon ziemlich bald auf die Räder Richtung Marmolata. Das Wetter klart etwas auf und bald kommt sogar die Sonne durch. Unterwegs halten wir zu einer Kaffeepause an und unterhalten uns mit einem Eis-Bergsteiger. Er gibt uns viele Wandertipps und Bergsteigerratschläge und wir freuen uns, doch einiges schon zu wissen und richtig gemacht zu haben. Draußen wird es immer schöner, und bald hält es uns nicht mehr drinnen und wir fahren weiter. Es ist faszinierend zu sehen, wie ein Fels sich hinter dem nächsten erhebt und sie sich gegenseitig über die Schulter gucken. Über das Pordoijoch gehts hinab nach Canazei und dann wieder hinauf zum Fedaia-See, am Fuß der Marmolata. Die Sonne taucht die Felsen und den Schnee in rote Farben und wir haben das herrlichste Wetter. Wir suchen uns kurz nach 21:00 Uhr Quartier. Die DAV[1]-Hütten sind geschlossen bzw. längst nicht mehr existent, und so fahren wir am See entlang zum Rifugio Passo Fedaia, einem gemütlichen Gasthaus, das fast leer ist. Außer uns übernachtet dort noch ein Bergführer mit drei „Schülern", ein älterer Herr und ein junges Ehepaar. Wir verbringen einen sehr netten Abend zusammen, wobei das Gespräch natürlich um Berge, Bergsteigen, Ausrüstung u. Ä. geht. Erst gegen 23:00 Uhr gehen wir zu Bett.

---

[1] DAV => Deutscher Alpenverein.

6.7.78

Wir stehen gegen 8:00 Uhr auf, unser erster Blick gilt dem Wetter: verhangen, ab und zu Sonne, lausig kalt. Nach dem Frühstück steht sogar ein Schneesturm an und wir überlegen uns wieder mal, wie wir unsere Touren jetzt legen. Der Sturm fegt um die Häuser und wir kommen uns vor wie im Winter. Die Marmolata, die wir uns für heute vorgenommen haben, wird bei diesem Wetter aus dem Programm gestrichen. Wir entschließen uns nach dem Frühstück, einfach auf gut Glück Richtung Rosengarten loszufahren, um besseres Wetter zu suchen. Aber das wird ein Reinfall auf der ganzen Linie: Zwischen Regen und Nebel verstecken sich die majestätischen Berge, von denen wir rein gar nichts sehen. In Bozen scheint die Sonne, aber die Stadt ist laut und hektisch, sodass wir uns nach einigen Einkäufen schnell wieder in die Berge zurückziehen. Diesmal gilt unser Versuch der Seiser Alm. Bis kurz vor „oben" scheint die Sonne noch, aber oben ist alles in dickem Nebel. Nachdem wir fast einem Verzweiflungsakt unterliegen und uns in irgendeiner der vielen netten kleinen bürgerlichen Pensionen einnisten, raffen wir uns doch noch mal auf und fahren zum Sellajoch, um dort unsere Zelte aufzuschlagen und dem Wetter zu trotzen. Als wir dort sind,

sind wir sehr froh, diesen letzten Schritt gemacht zu haben, denn dort sind wir wieder in einer Hütte und mitten in den Bergen. Unsere Stimmung, die den ganzen Tag denkbar schlecht und gereizt war, hebt sich in Anbetracht dieser Situation auch merklich. Nach dem Abendessen und dem Bestaunen der Gegend machen wir noch einen kleinen Spaziergang bei untergehender Sonne und aufsteigendem Nebel. Dann gehen wir schlafen. Was bringt wohl der morgige Tag?

7.7.78

Am Morgen hat sich aller Nebel gehoben und sowohl der vor der Tür stehende Langkofel als auch die anderen Berge sind in strahlendem Blau zu sehen. So stehen wir bald auf, verlassen die Hütte und fahren gut ausgerüstet hinauf zum Langkofelkar. Eigentlich wissen wir noch gar nicht, was genau wir an diesem Tag vorhaben, aber so wichtig ist das nicht.

Oben angekommen empfängt uns ein eisiger Wind, der durch die Langkofel-Gruppe bläst. Wir ziehen uns unsere Gamaschen an, verstauen alles Notwendige wie Kamera, Regencape, Notverpflegung u. a. in diversen Taschen und marschieren los.

Durch eine verschneite Winterlandschaft, tiefen Schnee und steilaufragende Felsen steigen wir gleich wieder ab durch die steile Scharte zur Langkofelhütte. Unterwegs treffen wir viele Leute, die zum Teil mit Steigeisen ihre Kinder fachmännisch angeseilt haben. In der Langkofelhütte essen wir ein Süppchen und überlegen, wie es weitergeht. Mich reizt sehr der Oskar-Schuster-Klettersteig auf den Plattkofel hinauf, und nach Auskunft des Hüttenwirtes sollte der Steig auch normal begehbar sein. So entschließen wir uns, diesen Klettersteig „zu machen".

Zuerst geht es durch ein großes Schneefeld bergauf, immer in Richtung auf die Felsen zu, die schroff und abweisend vor uns stehen, in ihr Winterkleid gehüllt. Wir hätten den Weg gar nicht gefunden, wenn nicht vor uns zwei Leute gegangen wären, deren Spuren wir folgen. Reinhild hat erhebliche Konditionsschwierigkeiten und japst ab und zu ganz schön nach Luft. Irgendwann geht rechts von uns eine Lawine runter. Sie kündigt sich mit einem dumpfen Donnern an und dann folgt der Schnee. Nicht sehr viel Schnee, aber doch genügend, um das Muffensausen zu kriegen. Vor uns liegt auch ein von vielen Brocken überhäuftes Schneefeld, das eine Lawine geprägt hat. Aus diesem Grund gehen wir – da wir sowieso bald am Einstieg sind – etwas zur Seite und suchen Schutz bei den Felsen. Wer weiß, vielleicht kommt hier auch bald eine runter.

Hinter uns steigt etwa zehn Minuten entfernt eine Gruppe von zwanzig Leuten (mit Kindern) auf, und wir sind recht froh, in diesem Gewirr von Fels, Eis und Schnee nicht allein zu sein, und wir denken, dass wir uns vielleicht dieser Gruppe anschließen können. Weil wir in dem Lawinenfeld unsere Verlaufspuren verloren haben und nicht wissen, wo genau der Einstieg ist, warten wir erst einmal diese Gruppe ab, um u. U. nach dem Weg zu fragen. Wir begeben uns ein wenig zur Seite, wo Felsen stehen, sodass wir festen Grund unter den Füßen haben. Schon nach kurzer Zeit sind unsere „Verfolger" da und sagen uns, dass wir uns direkt am Einstieg befinden. Und da entdecken wir auch ein paar ganz verwitterte rote Punkte, die laut Kletterführer den „gut markierten Weg" kennzeichnen. Die Gruppe macht halt und es heißt, Seile und Helme auszupacken. Uns wird ganz anders, als wir diese Vorsichtsmaßnahmen sehen. Wir werden gefragt, ob wir keinerlei Sicherungen mithaben, und als wir das verneinen, heißt es prompt, dass wir in der Gruppe, die einzelne, Dreier- und Zweier-Seilschaften bilden will, mitgehen sollen. Wir sind sehr froh darüber, denn so, wie der Klettersteig aussieht, wären wir ohne Sicherungen umgekehrt. Alles andere wäre bodenloser Leichtsinn gewesen.

Wir bekommen ein „Brustgeschirr" umgebunden, daran kommt ein Schraubkarabiner, der die Verbindung zu den anderen der Seilschaft darstellt, und zur möglichen Selbstsicherung wird ein weiterer Klemmkarabiner angebracht, der bei festen Seilen in der Wand zusätzlich benutzt werden kann.

Nach etwa 15 bis 20 Minuten im stark abschüssigen und brüchigen Fels sind wir so weit: Ich wurde in eine Vierer-Seilschaft als „Zweiter Mann" eingereiht. Vor mir der Leiter der Gruppe, ein Pfarrer, hinter mir zwei Damen im mittleren Alter. Alle sehr nett und zuvorkommend. Es stellt sich heraus, dass es sich um eine Gruppe vom ND[2] handelt, einer katholischen Gruppe, vergleichbar mit der SMD[3], die in Wengen Familienferien macht. Hier sind wir richtig!!

Es geht los, und so hatten wir uns die Tour alle nicht vorgestellt: Die nächsten drei bis vier Stunden bestehen darin, in meterhohem Schnee, z. T. in senkrecht abfallenden Schneefeldern, in einer gigantischen Bergwelt den Weg zu finden und zu klettern. Es geht über fußbreite Grade (bloß nicht zu schnell bewegen), mannsbreite Geröllschluchten, bei denen man nicht weiß, wo man sich abstützen soll, über zu Kristallen erstarrte Flussbetten, die senkrecht hochführen, um Bergnasen, die völlig vereist sind und kaum Halt bieten. Es tut gut, das Sicherungsseil um die Brust zu spüren. Es tut auch gut, zu spüren, wie es sich hier und da bei Ausrutschern spannt. Ich lerne von meinem Vordermann die Grundbegriffe der Sicherungstechnik und bin fest dazu entschlossen, das richtig zu lernen. Die beiden nach mir sind auch gute Kletterer und ich

---

[2] ND => Bund Neudeutschland.
[3] SMD => Studentenmission in Deutschland e.V.

kann ihnen an gefährlichen Stellen manche Hilfe-stellung geben. Zwischendurch wird auf einer „Flä-che" von 2 Meter x 0,50 Meter für fünf Minuten eine Kaffeepause mit Lebensmitteln aus dem Ruck-sack eingelegt.

Oh, das Warme tut gut in dieser schönen Wüste von Eis und Fels. Aber dann geht es weiter. Ab und zu verlieren wir die Markierung oder sie ist unter Schnee vergraben. Das ist kein schönes Gefühl, sodass wir nach Richtungsgefühl gehen. Es hat glücklicherweise immer geklappt. Ab und zu stehen wir im Spagatschritt in den Felsen und werden von dem Vorausgehenden fast erwürgt, weil er uns bzw. immer einen hochzieht.

Viele Situationen gibt es, die man im Nachhinein zwar bestaunend und auf die Schulter klopfend betrachten kann, die jedoch ganz einfach unbeschreiblich sind.

Nach einem mühseligen, aber sehr spannenden Aufstieg sind wir gegen 17:00 Uhr auf dem Gipfel, wo ein in tiefem Schnee vergrabenes großes Kreuz steht: „Plattkofel 2955m". Oben erwartet uns strahlender Sonnenschein und wir beglückwünschen uns gegenseitig mit einem freudigen „Berg heil".

Langsam trudeln alle Seilschaften ein und die Erschöpfung und Spannung ist hier und da von den Gesichtern abzulesen. Oben gibts was Heißes zu trinken und Essen wird verteilt. Wir singen auch noch ein Lied: „Lobet und preiset ihr Völker den Herrn", und darin drückt sich viel von dem aus, was wir empfinden.

Nach einer guten Pause gehts an den Abstieg. Über ein schneebedecktes Schotterfeld geht es in der Abendsonne halb steigend, halb rutschend hinab zur Plattkofelhütte am Fassajoch. Dort unten trinken wir ein Bier zum Durstlöschen. Nachdem wir uns von der ND-Gruppe verabschiedet haben, gehts weiter über einen Zweistundenweg quer rüber zum Sellajoch. Die letzte halbe Stunde gehen die Füße von ganz allein, aber in der untergehenden Sonne ist es doch noch ein Erlebnis. In der Hütte angekommen erzählen wir dem jungen Hüttenwirt unsere Abenteuer. Er meint bewundernd dazu, er ginge diesen Steig nie vor August. Na ja, wir aber, obwohl wir mit diesem Abenteuer nicht gerechnet hatten. Aber es war unheimlich klasse.

8.7.78

Auch heute ist schönes Wetter. Reinhild braucht einen Ruhetag, während es mich nach draußen treibt. Außerdem gilt es, einige Erledigungen zu machen. Meine Kamera tut es seit gestern nicht mehr, Essen brauchen wir und Geld muss gewechselt werden. So mache ich mich gegen 10:00 Uhr auf den Weg und fahre erst einmal nach Canazei.

Bis auf die Reparatur der Kamera kann ich alles erledigen. Zurück gehts über das Sellajoch nach St. Ulrich. Unterwegs kann ich drei Leute sehen, die eine senkrechte Wand emporklettern. In St. Ulrich kann ich die Kamera zur Reparatur geben. In der Zwischenzeit fahre ich mit dem Lift auf den über 2 400 Meter hohen Seceda, von dem man eine herrliche Rundsicht hat. Oben esse ich etwas und mache mich in aller Ruhe an den etwa dreistündigen Abstieg. Es geht über Almen und durch Wald. Die Wegemarkierung ist schlecht, aber die Gondelseile geben mir gute Hilfestellung. Nachdem ich aus dem Wald raus bin, geht es über sanfte Hügel voller herrlicher Blumen und sommerlicher Gerüche bergab. Es ist kaum vorstellbar, dass ich gestern noch in Fels und Eis hing und heute: Blumen über Blumen; so viel habe ich noch nie auf einmal gesehen. Irgendwo steht ein Altar, den jemand voller Liebe dorthin gesetzt hat. Ich begegne relativ wenigen Menschen und genieße die Stille, die Landschaft, das Wetter, alles.

Gegen 17:00 Uhr bin ich im Tal und hole meine reparierte Kamera ab. Einige Bilder von heuenden Bauern und „unserem" Plattkofel schieße ich noch. Dann gehts zurück zum Sellajoch. Ich nehme noch eine Familie mit, die zum Grödner Joch will. Außerdem weist mich ein Polizist auf mein fehlendes Blinklicht hin. Gegen 18:00 Uhr bin ich dann in der Hütte und Reinhild und ich erzählen uns unsere Tageserlebnisse. Wir gehen noch essen und trinken ein Glas Wein. Außerdem gibt es einige persönliche Differenzen zu klären. Gegen 22:00 Uhr liegen wir dann in den Betten.

Weil wir sehr müde waren, stehen wir erst gegen 10:30 Uhr auf. Draußen ist es kalt und verhangen, so entschließen wir uns, einen „Haushaltsvormittag" einzulegen: Haare waschen, Schuhe einfetten, aufräumen. Gegen Nachmittag machen wir uns dann auf den Weg, um noch ein bisschen frische Luft zu schöpfen. So steigen wir von der Sellajochhütte hinterm Haus steil auf und stehen auch gleich am Fuß eines Sellaturmes. Und da sehen wir, dass viele passionierte Bergsteiger in der Wand hängen: Teils klettern sie den Pößnecker Steig hinauf, teils auf eigenen Wegen die senkrechten Wege bzw. Wände hoch. Man kann sie an ihrer roten Signalkleidung und den farbenfrohen Helmen gut im Fels erkennen. Lange Zeit schauen wir ganz fasziniert zu und beobachten die einzelnen Schritte der Kletterer. Ab und zu kommen kleine und auch größere Felsbrocken runter und wir gehen in Deckung. Unser Entschluss, Helme zu kaufen, steht fest. Wir steigen nach dieser genüsslichen Augenweide wieder zum Haus runter, essen einen Toast, trinken Cappuccino und gehen ins Haus zurück. Dort trinken wir einen Wein und spielen eine Runde Streitpatience.

Zwischendurch kommt Egon an unseren Tisch, um ein bisschen zu erzählen. Egon ist der Wirt und spendiert uns einen halben Liter Rotwein. Danach sind wir leicht beschwipst. Egon lädt uns ein, abends noch mit ihm auszugehen. Ich habe ja noch große Lust auf ein kleines Abenteuer, aber Reinhild meint, zu müde zu sein. So gucken wir noch eine ganze Weile aus dem Fenster dem (Regen)Wetter zu und machen uns unter viel Gelächter bettfertig. Gegen 21:30 Uhr sind wir im Bett und schlafen unter trommelndem Regen ein.

10.7.78

Gegen 6:30 Uhr werden wir bei strahlend blauem Himmel wach und denken sofort: Marmolata-Wetter!

Aufstehen, frühstücken, packen, abfahren sind eins. Unterwegs wird noch getankt und der Blinker repariert und nach einem kurzen falschen Halt am Fedaia-See sind wir gegen 9:00 Uhr an der Gondelstation der Marmolata, die am Fuße des Fedaia-Passes liegt. Uns wird fast angst und bange, als wir die Gondel in schwindelnder Höhe sehen. Dennoch fahren wir hoch und müssen bis zum Gipfel auf 3 300 Metern dreimal umsteigen. Oben haben wir eine herrliche Rundsicht bis weit in die schneebedeckten Alpen außerhalb der Dolomiten. Wir wissen gar nicht, was und ob wir knipsen sollen, es ist einfach zu grandios!! Oben und bei der Mittelstation wird Ski gefahren und wir wissen bald nicht mehr, ob wir nun Sommer- oder Winterurlaub machen. Wir sonnen uns dort oben ausgiebig, gehen ein bisschen spazieren, so weit es die meterweit überhängenden Schneebretter erlauben, beobachten ganz nah eine Hubschrauberlandung und fahren nach etwa zweieinhalb Stunden zur Mittelstation zurück, wo wir etwas essen. Nach kurzer Pause gondeln wir dann am frühen Nachmittag wieder in die Untiefe runter. Und dort ist Sommer: warm, warm! In Windeseile ziehen wir unsere vier Kleiderlagen aus und hüllen uns lediglich in ein Sommerhemdchen. Dann fahren wir den Fedaia-Pass wieder hoch, trinken unterwegs in einem süßen Restaurant einen Cappuccino und natürlich sonnen wir uns. Zurück gehts zum Fedaia-See, wo wir uns an einem lauschigen Plätzchen niederlassen und von der Sonne schmoren lassen. Als es dann langsam zu kalt wird, packen wir das Auto und fahren über Canazei weiter ins Gadertal. Unterwegs müssen wir übers halbe Sellajoch, den Pordoipass und den Campolongopass. Reinhild wird es dabei todsterbensübel und selbst kurze Pausen helfen nichts. Dennoch kommen wir gegen 19:30 Uhr im Gadertal an und suchen uns eine süße kleine Pension in St. Leonard. Dort richten wir uns häuslich ein und liegen gegen 21:30 Uhr im Bett.

11.7.78

Früh am Morgen weckt uns die Sonne, die über dem Kreuzkofel aufgeht. Dennoch schlafen wir noch bis gegen 9:30 Uhr, bevor wir uns an das ausgiebige und ausgedehnte Frühstück machen. Danach legen wir uns im hohen Gras auf den Hängen hinter dem Haus in die Sonne und schmoren. Das halten wir jedoch nicht lange aus und gehen in halbstündigem Abstand und einem kleinen Abstecher in den Ort ins Zimmer zurück, wo wir uns frisch machen und zum Einkaufen Richtung Bruneck starten. Durch das Gadertal gehts 45 Minuten runter nach Bruneck, wo wir gemütlich Kaffee trinken, uns Steinschlaghelme ansehen, Wein und Karaffen kaufen und zu Abend essen. Dann fängt es an, zu regnen, und wir starten zurück in unsere kleine Pension. Eine Streitpatience folgt. Mit viel Hilfestellung gewinnt diesmal Reinhild. Neben uns spielt eine schrecklich bürgerliche Familie auch Karten. Gegen 21:30 Uhr liegen wir in den Betten.

12.7.78

Erst gegen 10:30 Uhr stehen wir auf, frühstücken und entschließen uns, schon heute zurückzufahren, weil wir ausgeschlafen sind. Das Wetter ist herrlich und die Fahrt geht glatt. Über Kirchheim fahren wir nach Kassel, wo Reinhild ihre Familie besucht und ich eineinhalb Tage bleibe und dann über Imshausen nach Bonn zurückfahre.

Der Sommerurlaub ist passé,
doch fand er statt in Eis und Schnee,
so richteten wir uns auf Winter ein
und fanden uns hier im Hause ein.

So führte uns manch schöne Tour
vom Haus in die Berge und höret nur:
Oskar-Schuster-Klettersteig, so hieß die Parole,
er war ja nicht weit.

Mit Helm und mit Pickel, mit Seil und Haken
hatte man uns die Tour geraten.
Ungefährlich! Begehbar! So sagte man,
doch wie kamen wir am Gipfelkreuz an?

Schnee bis zum Hals, Eis am Kragen,
wir mussten die Tour nach oben wagen,
denn rückwärts hinunter gings senkrecht ins Tal,
da gabs keine Umkehr, oh, welch eine Qual.

Doch sind wir hier unten glücklich gelandet,
an Egons Bar zufrieden gestrandet;
vielleicht können wir wieder im Winter hier sein
und finden uns dann bei Sommerwetter ein.

Petra und Reinhild

DANKSAGUNG

Herzlicher Dank gilt Sabine für ihr Knowhow. Es hat Spaß gemacht, das Projekt gemeinsam abzustimmen und humorvoll zu gestalten.

Wertvolle Tipps zur Verlagsarbeit, in raschen und klaren Antworten halfen zügig weiter; herzlichen Dank an Jutta.